Welches **Ereignis** fällt Ihnen ein,
wenn Sie folgenden Satz lesen?

**Eine Hochzeit und viele Todesfälle.**

1

2

## Die Bartholomäusnacht

23./24. August 1572

1562 brach in Frankreich ein Bürgerkrieg zwischen protestantischen Adligen und der katholischen Staatselite aus. Die Regentin Katharina von Medici stimmte 1572 der Heirat ihrer Tochter mit dem reformierten Herzog von Navarra zu und nutzte die Hochzeitsfeier zur Beseitigung der versammelten otten. In der Nacht zum 24. August, dem Tag des heiligen Bartholomäus, wurden Tausende von ihnen planmäßig ermordet. In der Folge kam es landesweit zu Pogromen und der Glaubenskrieg zwischen Protestanten und Katholiken verschärfte sich.

Welches **Ereignis** fällt Ihnen ein, wenn Sie folgenden Satz lesen?

**Sie machten sich auf zu neuen Ufern.**

1

2

## Die Überfahrt der „Mayflower“

16. September – 21. November 1620

Im September 1620 bestiegen in Mittelengland etwa 100 von der Staatskirche verfolgte Puritaner die „Mayflower“, um in der „Neuen Welt“ ein Leben frei nach ihren Vorstellungen und in demokratischer Selbstbestimmung zu führen. Die legendären „Pilgerväter“ der USA erreichten mit ihrem Schiff nach zwei Monaten Cape Cod, eine Halbinsel im heutigen Bundesstaat Massachusetts. Dort gründeten sie eine Siedlung, der sie den Namen Plymouth gaben. Hier sollen sie zusammen mit den Ureinwohnern ein erstes Thanksgiving-Fest gefeiert haben.

Welches **Ereignis** fällt Ihnen ein, wenn Sie folgendes Zitat lesen?

**„Wir halten die nachfolgenden Wahrheiten für klar an sich und keines Beweises bedürfend.“**

1

2

## Amerikanische Unabhängigkeitserklärung

4. Juli 1776

1776 erklärten sich die 13 britischen Kolonien Nordamerikas vom englischen Mutterland unabhängig und nannten sich die „Vereinigten Staaten von Amerika". In der zu großen Teilen vom späteren US-Präsidenten Thomas Jefferson verfassten Unabhängigkeitserklärung beriefen sich die Vertreter der abtrünnigen Kolonien auf die unveräußerlichen Menschenrechte. Als die Erklärung vier Tage nach der Proklamation in Philadelphia erstmals in der Öffentlichkeit verlesen wurde, läutete die Freiheitsglocke, die bis heute als Symbol für Demokratie und Freiheit gilt.

Welches **Ereignis** fällt Ihnen ein, wenn Sie folgenden Satz lesen?

**Viele Hunderttausend starben für wenige hundert Meter.**

1

2

## Schlacht von Verdun

21. Februar – 20. Dezember 1916

Die Schlacht von Verdun bildete den Höhepunkt des „Abnutzungskriegs" an der Westfront im Ersten Weltkrieg. Nach dem deutschen Angriff auf die massiven Festungsanlagen der Franzosen wurde monatelang um jeden Meter Gebietsgewinn erbittert gekämpft – auch mit Gas. Am Ende der Schlacht war die Stadt an der Maas vollkommen zerstört, weit über eine halbe Million Soldaten waren gefallen und die Frontlinien kaum verändert. Heute erinnern verschiedene Denkmäler an historischer Stelle an das Geschehen.

Welches **Ereignis** fällt Ihnen ein, wenn Sie folgenden Satz lesen?

**Auf hoher See gelang der Befreiungsschlag.**

1

2

## Seeschlacht von Salamis

Oktober 480 v. Chr.

Der überraschende Sieg der Athener gegen die mächtigen Perser in der Seeschlacht von Salamis schuf die Voraussetzungen für den Aufstieg Athens zur führenden Hegemonialmacht im Mittelmeerraum im 5. Jahrhundert v. Chr. Der Athener Militärstratege Themistokles hatte den Ausbau der griechischen Flotte veranlasst. Als die Griechen die zahlenmäßig überlegenen persischen Schiffe in einer Meerenge stellten, setzten sich ihre wendigeren Schiffe, die Trieren, durch. Später fiel Themistokles in Ungnade und wurde 471 v. Chr. durch ein Scherbengericht verbannt.

Welches **Ereignis** fällt Ihnen ein, wenn Sie folgenden Satz lesen?

**Der Hammer schlägt zu.**

1

2

## Schlacht bei Tours und Poitiers

25. Oktober 732

In der Schlacht bei Tours und Poitiers schlugen die Franken unter Führung des Hausmeiers Karl Martell („der Hammer“) ein großes Heer von Arabern und Berbern. Der Sieg wurde lange Zeit als Rettung des christlichen Europas vor der Islamisierung des Kontinents gefeiert. Die Muslime hatten zu Beginn des 8. Jahrhundert fast die ganze Iberische Halbinsel erobert. Dorthin zogen sie sich nach der Niederlage auch wieder zurück. Martell hatte hingegen die Macht der Karolinger entscheidend gestärkt und die Grundlagen für ihre Herrschaft im Frankenreich gelegt.

Welches **Ereignis** fällt Ihnen ein, wenn Sie folgenden Satz lesen?

**Auf der Insel gelang der Durchbruch zur Demokratie.**

**1**

**2**

## Glorious Revolution

1688/1689

Die „Glorreiche Revolution" beendete in England einen jahrzehntelangen Bürgerkrieg und etablierte (erstmals auf der Welt) eine vom Parlament kontrollierte konstitutionelle Monarchie. Auf Einladung der protestantischen Mehrheit im Parlament landete am 15. November 1688 der Regent der Niederlande, Wilhelm von Oranien, mit einer starken Flotte in England und vertrieb den katholischen König Jakob I. 1689 bestieg Wilhelm den Thron und bekannte sich zu den konstitutionellen Beschränkungen seiner Macht: In der „Bill of Rights" wurde die Zustimmungspflicht des Parlaments zu jedem Gesetz festgelegt.

Welches **Ereignis** fällt Ihnen ein, wenn Sie folgenden Satz lesen?

**Der erste erfolgreiche Sklavenaufstand der Neuzeit.**

1

2

## Haitianische Revolution

1791–1794

Der Funke der Französischen Revolution sprang nach 1789 auf die französische Kolonie Haiti über, die damals noch Saint-Domingue hieß. 1791 begann dort ein Aufstand der schwarzen Sklaven gegen die weiße Oberschicht. 1794 errang erstmals eine versklavte Bevölkerung ihre Freiheit. Der Rebellenführer François-Dominique Toussaint L'Ouverture, der „schwarze Napoleon", avancierte kurzzeitig zum alleinigen Machthaber der Insel. 1803 wurden alle Weißen vertrieben und am 1. Januar 1804 erklärte Haiti seine Unabhängigkeit. An die Revolution erinnern noch heute die zersprengten Ketten im Wappen des Landes.

Welche **Person** fällt Ihnen ein, wenn Sie folgenden Satz lesen?

**Ein lateinamerikanischer Staat trägt seinen Namen.**

1

2

## Simón Bolívar

Südamerikanischer Freiheitskämpfer, 1783–1830

Simón Bolívar war der Spiritus Rector des Kampfes Lateinamerikas um die Unabhängigkeit von den spanischen Kolonialherren. Inspiriert von den Ideen der Französischen Revolution, trug er ab 1807 den Befreiungskampf erfolgreich in viele Länder des Kontinents. 1824 war die Herrschaft der Spanier in den Vizekönigreichen Peru und Neugranada (die heutigen Staaten Venezuela, Kolumbien, Panama und Ecuador) zu Ende. 1825 wurde die neugegründete Republik Bolivien nach ihrem Befreier benannt. Bolívars Traum von einer Konföderation aller lateinamerikanischen Staaten unter seiner Führung scheiterte jedoch.

Welches **Ereignis** fällt Ihnen ein, wenn Sie folgenden Satz lesen?

**Ein Mythos wurde in Dallas geboren.**

1

2

## Attentat auf John F. Kennedy

22. November 1963

Während einer Wahlkampfreise wurde US-Präsident John F. Kennedy laut offizieller Untersuchungskommission von Lee Harvey Oswald aus dem fünften Stock des Schulbuchdepots des Staates Texas auf der Dealey Plaza in Dallas erschossen. Doch die Ermittlungen waren von Ungereimtheiten geprägt. So soll nach der „Magic-Bullet-Theorie" eine einzige Kugel Kennedy und dem texanischen Gouverneur John Connally sieben Wunden zugefügt haben. Kennedys Tod löste weltweit große Trauer und Bestürzung aus. Auf Kennedys Grab brennt bis heute eine Ewige Flamme.

Welcher **Ort** fällt Ihnen ein, wenn Sie folgenden Satz lesen?

**Hier sollte der erste Wolkenkratzer entstehen.**

1

2

## **Babylon**

Hauptstadt des Babylonischen Reichs, heute Irak

Babylon war ab 1700 v. Chr. Hauptstadt des Babylonischen Reichs, einer der aufeinanderfolgenden Hegemonialmächte Mesopotamiens. Die sagenumwobene Stadt erlebte unter König Nebukadnezar II. ihre Blütezeit, während der die Zeremonialstraße mit dem Ischtartor sowie die „Hängenden Gärten", eines der sieben antiken Weltwunder, entstanden. Der biblische Turm zu Babel, dessen Bau mit einer gottgewollten Sprachenverwirrung endete, wird mit der Zikkurat der Tempelanlage Esagila identifiziert. Sie war dem drachengestaltigen Stadtgott Marduk gewidmet.

Welches **Ereignis** fällt Ihnen ein, wenn Sie folgenden Satz lesen?

**Die Briten legen Lunte im Heiligen Land.**

1

2

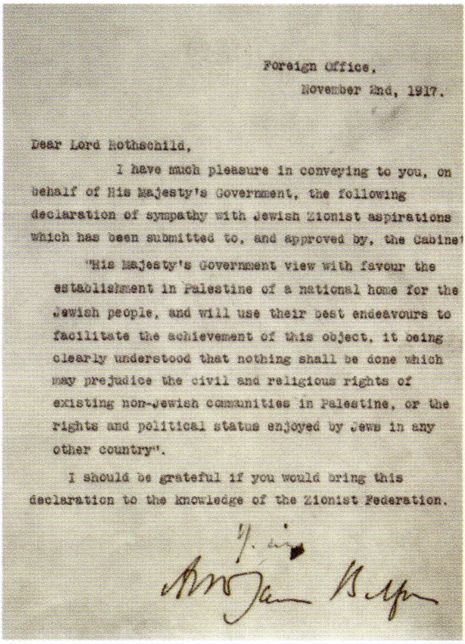

Foreign Office,
November 2nd, 1917.

Dear Lord Rothschild,

I have much pleasure in conveying to you, on behalf of His Majesty's Government, the following declaration of sympathy with Jewish Zionist aspirations which has been submitted to, and approved by, the Cabinet

"His Majesty's Government view with favour the establishment in Palestine of a national home for the Jewish people, and will use their best endeavours to facilitate the achievement of this object, it being clearly understood that nothing shall be done which may prejudice the civil and religious rights of existing non-Jewish communities in Palestine, or the rights and political status enjoyed by Jews in any other country".

I should be grateful if you would bring this declaration to the knowledge of the Zionist Federation.

Yours,

Arthur James Balfour

## Balfour-Deklaration

2. November 1917

In Anbetracht des wachsenden Antisemitismus in Europa plädierten ab Ende des 19. Jahrhunderts immer mehr Juden für einen eigenen Nationalstaat in Palästina, „dem Land ihrer Väter". Aus kriegstaktischen Gründen unterstützte die britische Regierung in Person des konservativen Außenministers Arthur Balfour in der nach ihm benannten Erklärung diesen Wunsch öffentlich. Das britisch dominierte Palästina wurde so nach 1920 zum bevorzugten Einwanderungsland der europäischen Juden, was auf heftigen Widerstand seitens der einheimischen arabischen Bevölkerung stieß.

Welches **Ereignis** fällt Ihnen ein, wenn Sie folgendes Zitat lesen?

**„Wir werden sie jagen."**

1

2

## Anschläge des 11. September

11. September 2001

An einem strahlenden Herbsttag stürzten koordinierte Anschläge des islamistischen Terrornetzwerks Al-Qaida die USA ins Chaos und veränderten die Welt: Um 9 Uhr rasten zwei entführte Flugzeuge der United Airlines und der American Airlines in das Word Trade Center in New York und brachten es zum Einsturz. Wenig später wurde ein drittes Flugzeug in das US-Verteidigungsministerium gesteuert. Über 3000 Menschen starben. Präsident George W. Bush rief kurz darauf den „Krieg gegen den Terror" aus und legitimierte damit Angriffskriege gegen Afghanistan und Irak.

Welches **Ereignis** fällt Ihnen ein, wenn Sie folgenden Satz lesen?

**Eine Schlossbesichtigung im Namen der Weltrevolution.**

1

2

## Oktoberrevolution

6. bis 9. November 1917

Die Eroberung des Winterpalasts am Abend des 7. November 1917 in St. Petersburg war der symbolische Höhepunkt während der bolschewistischen Machtübernahme in der „Oktoberrevolution". Es war keine „Heldenschlacht", wie der spätere einflussreiche Propagandafilm „Oktober" von Sergej Eisenstein suggerierte. Die luxuriösen Räume der ehemaligen Zarenresidenz, in denen nach der Februarrevolution die Provisorische Regierung tagte, waren kaum bewacht und konnten praktisch kampflos besetzt werden. Unter der Führung Lenins wurde in der Folge die kommunistische Umgestaltung der russischen Gesellschaft erzwungen.

Welche **Person** fällt Ihnen ein, wenn Sie folgenden Satz lesen?

**Ein Philosoph nahm diesen großen Mann unter seine Fittiche.**

1

2

## Alexander der Große

König von Makedonien, 356–323 v. Chr.

Alexander der Große baute innerhalb weniger Jahre das größte Reich der Antike auf. Der von Aristoteles erzogene Sohn des makedonischen Königs Philipp II. bestieg 336 v. Chr. den Thron und führte von da an Krieg, nachdem er den berühmten Gordischen Knoten zerschlagen hatte. Einem Orakel zufolge würde derjenige die Herrschaft über Asien erringen, der ihn lösen könne. Von Thrakien über Mesopotamien und Ägypten bis nach Persien führte er seine Truppen von Eroberung zu Eroberung. Erst in Indien wurde er zum Rückzug gezwungen. Nach seinem Tod 323 fiel das riesige Reich schnell in sich zusammen.

Welches **Ereignis** fällt Ihnen ein, wenn Sie folgenden Satz lesen?

**Es war das Ergebnis einer großen Vision und eines großen Irrtums.**

1

2

## Kolumbus entdeckt Amerika

12. Oktober 1492

Als der genuesische Seefahrer Christoph Kolumbus 1492 auf einer Bahamasinsel landete, hatte er, ohne es zu wissen, die „Neue Welt" entdeckt. Er war überzeugt, in Ostindien gelandet zu sein, wo er im Auftrag der spanischen Krone Gold und Seidenstoffe beschlagnahmen sollte. Auf der Suche nach Macht und Reichtum segelte er weiter nach Kuba, nach Haiti, Jamaika und Venezuela. Die Inbesitznahme eines neuen Kontinents nahm ihren Anfang. Kolumbus wollte seinen Irrtum bis zu seinem Lebensende nicht wahrhaben. Er nannte die Einwohner „Indianer".

Welches **Ereignis** fällt Ihnen ein, wenn Sie folgenden Satz lesen?

**Mit den Fenstern zerbrach die Menschlichkeit.**

1

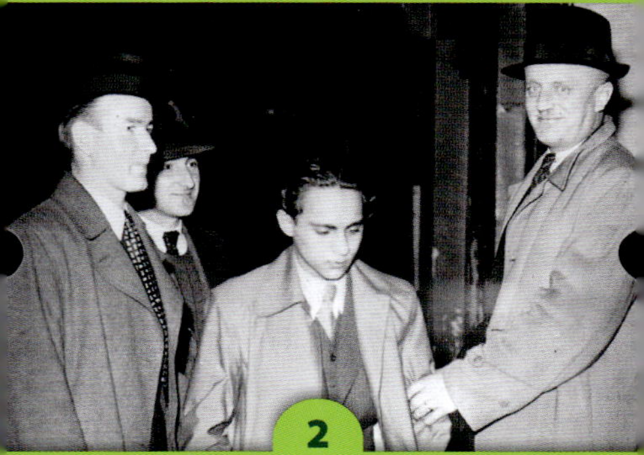

2

## Reichspogromnacht

9. November 1938

Seit 1933 wurden im nationalsozialistischen Deutschland Juden systematisch entrechtet und ausgegrenzt. Die Ermordung des Diplomaten Ernst Eduard vom Rath durch den 17-jährigen Juden Herschel Grynszpan im November 1938 bot den Machthabern einen willkommenen Anlass, den staatlichen Antisemitismus weiter zu verschärfen. In ganz Deutschland organisierte die SA am 9. November Gewaltaktionen gegen Juden. Synagogen wurden in Brand gesetzt, Wohnungen verwüstet, Menschen in Konzentrationslager deportiert. In Anspielung auf die vielen zerbrochenen Fensterscheiben sprach man lange Zeit verharmlosend von der „Reichskristallnacht".

Welche **Person** fällt Ihnen ein, wenn Sie folgendes Zitat lesen?

**„Tugend, ohne sie ist der Terror verderblich; Terror, ohne ihn ist die Tugend machtlos."**

1

2

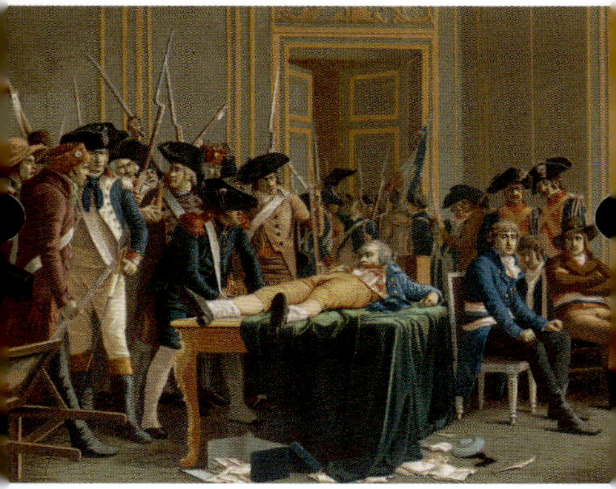

## Maximilien de Robespierre

Französischer Revolutionsführer, 1758–1794

Maximilien de Robespierre steht für die Phase des Terrors während der Französischen Revolution. Als De-facto-Regierungschef kontrollierte er ab Herbst 1793 Militär, Handel, Verwaltung und Polizei und setzte eine radikale Politik der Gleichheit im Land durch. Jeder Gegner wurde als Feind der Revolution verfolgt und durch die Guillotine hingerichtet. Nach Monaten des Mordens wurde Robespierre am 27. Juli 1794 verhaftet und einen Tag später selbst geköpft.

**So geht's:**

Karten einzeln herausziehen.

Bei jedem Einrasten gibt es einen neuen Hinweis.

Karte für die Lösung umdrehen.

**ICONICO für Apple & Android**

Spielen Sie ICONICO auch auf Ihrem Smartphone oder iPad.

Einfach QR-Code scannen und die kostenlose App herunterladen.

www.delius-books.de/iconico/lp

**Herausgegeben von Peter Delius**



Die Deutsche Nationalbibliothek verzeichnet diese Publikation in der Deutschen Nationalbibliografie; detaillierte bibliografische Daten sind im Internet über http://dnb.d-nb.de abrufbar.

Edition Braus Berlin GmbH
Prinzenstraße 85 D, 10969 Berlin
www.editionbraus.de

**Autor**
Christoph Marx

**Redaktion**
Juliane von Laffert

**Grafik- und Verpackungsdesign**
Christian Nagelstrasser

**Alle Bilder**
© akg-images Berlin/London/Paris;
dpa Picture-Alliance, Frankfurt am Main; Getty Images,
München; Wikimedia Commons

Einen detaillierten Bildnachweis finden Sie auf unserer Website www.theKnowledgePage.com

Printed in China

ISBN 978-3-86228-066-7

Welche **Person** fällt Ihnen ein, wenn Sie folgenden Satz lesen?

**Zucht und Ordnung waren für ihn das A und O.**

1

2

## Johannes Calvin

Französisch-schweizerischer Reformator, 1509–1564

Johannes Calvin legte im 16. Jahrhundert mit seinen Lehren das Fundament für die Reformierte Kirche, die zweite große Bekenntnisgemeinschaft des Protestantismus (neben den evangelisch-lutherischen Kirchen). In Genf stand er ab 1541 an der Spitze eines reformierten Modellstaates, in dem die Tugendhaftigkeit der Kirchenmitglieder streng überwacht wurde. Zentrale Elemente seiner Theologie waren die Abendmahls- und die Prädestinationslehre.

Welches **Ereignis** fällt Ihnen ein, wenn Sie folgenden Satz lesen?

**Kleiner Junge mit großer Wirkung.**

1

2

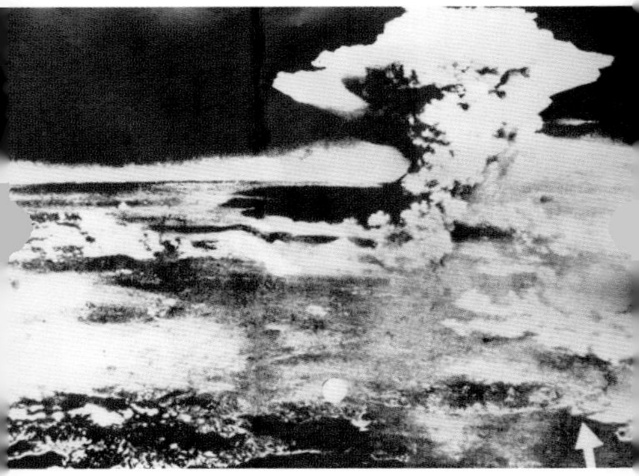

## Atombombenabwurf über Hiroshima

6. August 1945

„Little Boy" hieß die erste Atomwaffe im Militärjargon, die am 6. August 1945, 8.15 Uhr Ortszeit, über Hiroshima abgeworfen wurde und die achtgrößte Stadt Japans dem Erdboden gleichmachte. Auch die Besatzung des Trägerbombers war über die verheerende Zerstörungskraft der neuartigen Waffe verstört. Bis zu 70 000 Menschen waren sofort tot. Der Einsatz der Atombombe war Anfang und Ende zugleich: Er beendete den bisher schlimmsten Krieg in der Geschichte der Menschheit und leitete zugleich das Zeitalter der nuklearen Aufrüstung ein.

Welche **Person** fällt Ihnen eine, wenn Sie folgenden Satz lesen?

**Seine Hunde liebte er mehr als alles andere.**

1

2

## Friedrich II., der Große

Preußischer König, 1712–1786

Friedrich II., auch bekannt als „Alter Fritz", war vieles: ein zynischer Kriegspolitiker, der dank gewonnener Schlachten zwischen 1740 und 1763 das preußische Territorium wesentlich vergrößerte und das Land zu einer Großmacht machte, daneben ein feingeistiger Intellektueller, der Gedichte schrieb, musizierte und mit Voltaire philosophierte. Am Ende seines Lebens mied der Misanthrop den Umgang mit Menschen und widmete sich vor allem seinen Hunden. Neben ihnen wurde Friedrich 1991 (!) auf Schloss Sanssouci begraben, wie er es sich gewünscht hatte.

Welches **Ereignis** fällt Ihnen ein, wenn Sie folgenden Satz lesen?

**Dieser Asienimport hatte fatale Folgen.**

1

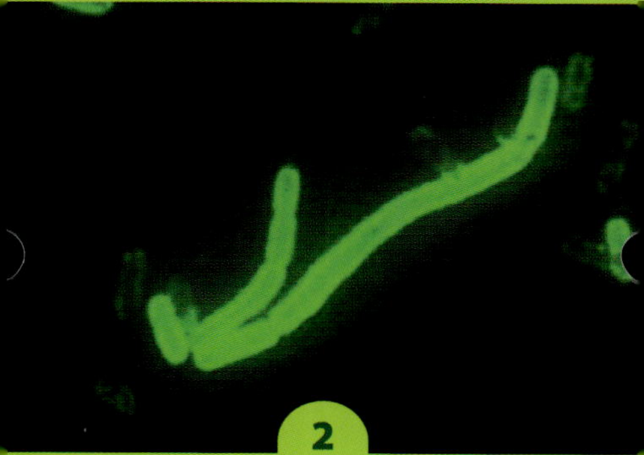

2

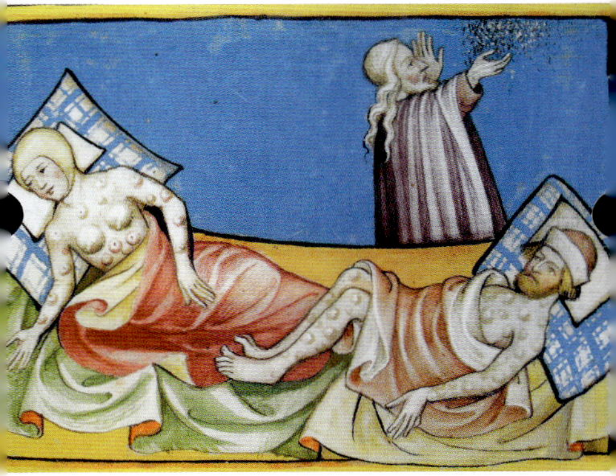

## Der Schwarze Tod

Europäische Pandemie, Mitte 14. Jahrhundert

Das „Große Sterben" begann 1348 in der Hafenstadt Genua. Über den Schiffsweg war das hochansteckende Pestvirus aus Asien nach Europa gelangt, wo es sich in Windeseile ausbreitete und ganze Landstriche entvölkerte. Da die Ärzte völlig machtlos waren, glaubten die Menschen, dass es sich bei der Krankheit um eine Strafe Gottes handelte. Die Flagellanten, die durch Selbstgeißelung Gott zur Gnade zwingen wollten, gewannen überall Anhänger. Bis zum Abebben der Pandemie 1352 war ihr etwa ein Drittel der damaligen Bevölkerung Europas erlegen.

Welches **Ereignis** fällt Ihnen ein, wenn Sie folgenden Satz lesen?

**Die Weisheit nimmt einen anderen Glauben an.**

1

2

## Die Eroberung Konstantinopels

29. Mai 1453

Mitte des 15. Jahrhunderts war das Byzantinische Reich unter dem Druck der Osmanen auf die Umgebung der Hauptstadt Konstantinopel zusammengeschrumpft. In der Nacht zum 29. Mai 1453 durchbrach Sultan Mehmed II., der „Eroberer", die als unüberwindbar geltenden Mauern des damaligen Zentrums der Christenheit. Konstantinopel erhielt den Namen Istanbul und wurde zur Hauptstadt des expandierenden Osmanischen Reichs. Zahlreiche Kirchen wurden in Moscheen umgewandelt, so auch die berühmte Hagia Sophia. Islamische Kalligrafien schmückten von da an die „heilige Weisheit".

Welches **Ereignis** fällt Ihnen ein, wenn Sie folgenden Satz lesen?

**Für die Romantiker war sie der deutsche Urknall.**

1

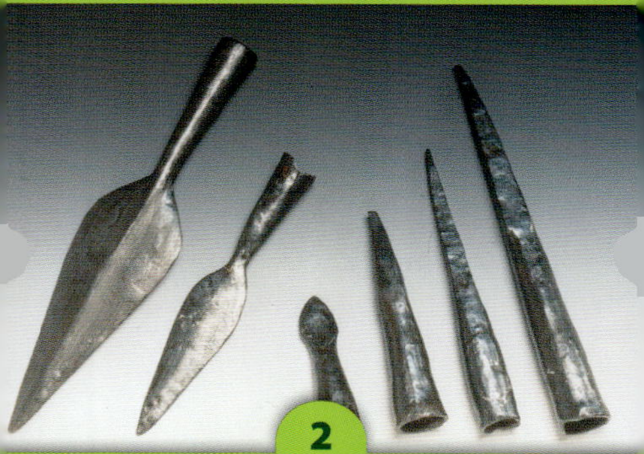

2

## Schlacht im Teutoburger Wald

9. n. Chr.

Arminius („Hermann"), der legendäre Germanenfürst mit dem Flügelhelm, triumphierte gegen die Römer in der sagenumwobenen Schlacht im Teutoburger Wald. Sie wird auch „Hermannsschlacht" oder „Varusschlacht" (nach dem römischen Feldherrn) genannt, und inzwischen wird angenommen, dass die Schlacht eigentlich bei Bramsche im Osnabrücker Land stattfand. Vor allem im 19. Jahrhundert wurde sie von nationalen Historikern als Geburtsstunde „Deutschlands" gefeiert. Die germanischen Truppen kannten sich im sumpfigen Gelände besser aus und pulverisierten die römischen Einheiten. Ein Großteil Germaniens blieb dauerhaft außerhalb des Römischen Reichs. 1875 wurde das monumentale Hermannsdenkmal eingeweiht.

Welches **Ereignis** fällt Ihnen ein, wenn Sie folgenden Satz lesen?

**Es war ein strahlender Apriltag.**

1

2

## Reaktorkatastrophe von Tschernobyl

26. April 1986

Im Frühjahr 1986 ereignete sich im ukrainischen Atomkraftwerk Tschernobyl der bis dahin folgenschwerste Reaktorunfall in der Geschichte. Bei einem Test war ein Block der Anlage explodiert, wodurch enorme Mengen an nuklearem Material freigesetzt wurden. Erst Tage später, als die radioaktive Wolke bereits auf dem Weg nach Westeuropa war, wurden Rettungsmaßnahmen eingeleitet. Viele der 1000 Katastrophenhelfer starben. Die Anzahl der Krebserkrankungen in der Region liegt bis heute weit über dem Durchschnitt.

Welches **Ereignis** fällt Ihnen ein, wenn Sie folgenden Satz lesen?

**Es wurde mächtig gedrängelt, bis jeder seinen Platz fand.**

**1**

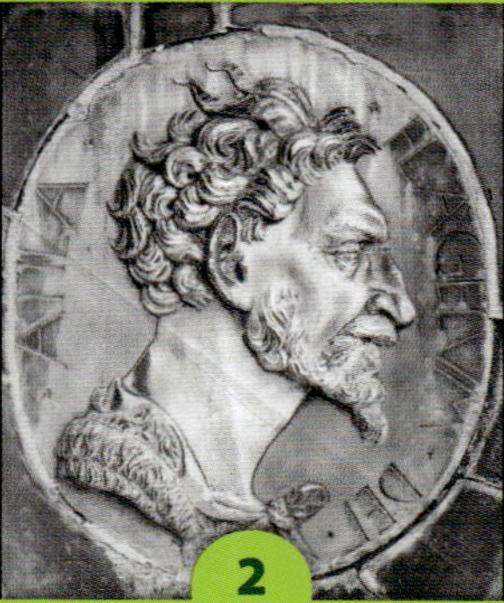

**2**

## Völkerwanderung

um 375/376–568

Mit der Vertreibung der Goten aus ihren traditionellen Siedlungsgebieten nördlich des Schwarzen Meeres durch die Hunnen unter Attila begann um 375 in Europa eine unruhige Zeit, die allgemein als „Völkerwanderung“ bezeichnet wird. Über 200 Jahre lang zogen Menschen rastlos auf der Suche nach neuen Heimstätten durch den Kontinent, schlossen sich zu Stämmen zusammen und gründeten neue Reiche. Die Westgoten drangen 401 nach Italien vor und eroberten 410 das bisherige Zentrum der nun auseinanderbrechenden Welt: Rom.

Welche **Person** fällt Ihnen ein, wenn Sie folgendes Zitat lesen?

**„Wir sind keine Feinde, sondern Freunde."**

**1**

**2**

## Abraham Lincoln

Präsident der Vereinigten Staaten von Amerika, 1809–1865

Die Wahl Abraham Lincolns zum US-Präsidenten 1860 ließ den jahrelangen Streit zwischen den Nord- und den Südstaaten um die Frage der Sklaverei eskalieren. Wenige Monate später brach der Bürgerkrieg aus, den Lincoln durch einen Appell in der Rede zu seiner Amtseinführung am 4. März 1861 noch zu verhindern versucht hatte. Im Verlauf des Kriegs proklamierte Lincoln die Sklavenbefreiung. Kurz nach der Kapitulation der Südstaaten schoss am 14. April 1865 ein Fanatiker im Ford's Theater in Washington auf den Präsidenten und verletzte ihn tödlich.

Welche **Person** fällt Ihnen ein, wenn Sie folgenden Satz lesen?

**Er strahlte heller als alle anderen.**

1

2

## Ludwig XIV.

Französischer König, regierte 1661–1715

„Der Staat bin ich“: Nach diesem Motto regierte der Bourbonenkönig Ludwig Frankreich; er wurde zur Symbolfigur der absolutistischen Herrschaftsform. Nur Gott verantwortlich, vereinte er in sich alle Machtbefugnisse: Er war gleichzeitig Richter, Gesetzgeber und Regent. Selbstbewusst bezeichnete sich der barocke Herrscher als „Sonnenkönig“. Glanzvoller Ausdruck seiner Macht war die Residenz in Versailles, die in 30-jähriger Bauzeit zu einer prunkvollen Schlossanlage ausgebaut wurde.

Welches **Ereignis** fällt Ihnen ein,
wenn Sie folgenden Satz lesen?

**Am Ende war der kleine Mann reif für die Insel.**

1

2

## Schlacht von Waterloo

18. Juni 1815

Wer „sein persönliches Waterloo" erlebt, erleidet eine Niederlage, wie sie schlimmer nicht sein kann – so wie Napoleon, als er bei dem kleinen belgischen Örtchen nahe Brüssel einer Koalition von Preußen und Briten unter Führung von Feldmarschall Blücher und General Wellington unterlag. Die Folge war das Ende der „Herrschaft der Hundert Tage" und die endgültige Abdankung des französischen Kaisers. Er wurde auf die Insel St. Helena verbannt, wo er 1821 starb.

Welche **Person** fällt Ihnen ein, wenn Sie folgenden Satz lesen?

**Er war der Zauberlehrling des 20. Jahrhunderts.**

**1**

**2**

## Michail Gorbatschow

Russischer Politiker, *1931

Michail Gorbatschow setzte 1985 in der Sowjetunion einen Reformprozess („Perestroika") in Gang, den er wie Goethes Zauberlehrling bald nicht mehr kontrollieren konnte. Er ließ wirtschaftliche Freiheiten zu, befreite Systemkritiker und förderte öffentliche Diskussionen. Was zur Erneuerung des Sozialismus beitragen sollte, hatte eine gesamtgesellschaftliche Revolution zur Folge. 1989/91 implodierte der „Ostblock" unter dem Druck der Bevölkerung. 1989 fiel die Berliner Mauer, wofür Gorbatschow von den Deutschen bejubelt wurde. Und 1992 gab es die Sowjetunion nicht mehr.

Welches **Ereignis** fällt Ihnen ein, wenn Sie folgenden Satz lesen?

**Auch sein Stiefsohn fiel ihm in den Rücken.**

1

2

## Die Iden des März

Ermordung Gaius Julius Caesars, 44 v. Chr.

An den Iden des März im Jahr 44 v. Chr. fiel Gaius Julius Caesar einem Mordkomplott zum Opfer, an dem auch sein Stiefsohn Brutus beteiligt war. Der erfolgreiche Feldherr wurde von hinten erdolcht, kurz nachdem er sich zum Diktator auf Lebenszeit ernannt hatte. Die Unterwerfung ganz Galliens, die 51 v. Chr. mit der Kapitulation des Gallierfürsten Vercingetorix endete, hatte ihm die notwendige militärische Stärke und Autorität gegeben, um das durch Bürgerkriege zerrissene Römische Reich wieder zu einen. Im Jahr 49 überschritt er den oberitalienischen Grenzfluss Rubikon und riss in Rom die Macht an sich.

Welche **Person** fällt Ihnen ein, wenn Sie folgenden Satz lesen?

## Er war in jeder Beziehung ein Großer.

1

2

## Karl der Große

König der Franken, regierte 768–814 n. Chr.

Der legendäre König des Frankenreichs und „Vater Europas" fiel auch äußerlich aus dem Rahmen seiner Zeit. Karl der Große war außergewöhnlich groß und kräftig gebaut. In blutigen Kriegen gelang es dem gläubigen Christen im 8. Jahrhundert, weite Teile West- und Südeuropas unter christlichen Vorzeichen zu einen. Sichtbarster Ausdruck seines Lebenswerks war die Krönung Karls zum Römischen Kaiser im Jahr 800 in Rom durch Papst Leo III.

Welches **Ereignis** fällt Ihnen ein, wenn Sie folgenden Satz lesen?

**Die Flieger kamen zum Frühstück.**

1

2

## Angriff auf Pearl Harbor

7. Dezember 1941

Die USA unterschätzten lange Zeit die aggressive Politik Japans im asiatischen Raum seit den 1930er Jahren. Im Morgengrauen des 7. Dezember 1941 griffen japanische Flugzeugverbände auf Befehl des Militärdiktators Hideki ohne Kriegeserklärung Pearl Harbor an, den größten Flottenstützpunkt der US-Marine auf der Pazifikinsel Hawaii. Schutzlos waren die Kriegsschiffe im Hafen dem Bombenhagel ausgeliefert. Nach dem „Tag der Infamie", wie US-Präsident Roosevelt das Desaster nannte, traten die USA offiziell in den Krieg ein und mobilisierten alle Militärressourcen des Landes.

Welche **Person** fällt Ihnen ein, wenn Sie folgendes Zitat lesen?

**„Die Wahrheit siegt durch die Kräfte der Seele und der Liebe."**

1

2

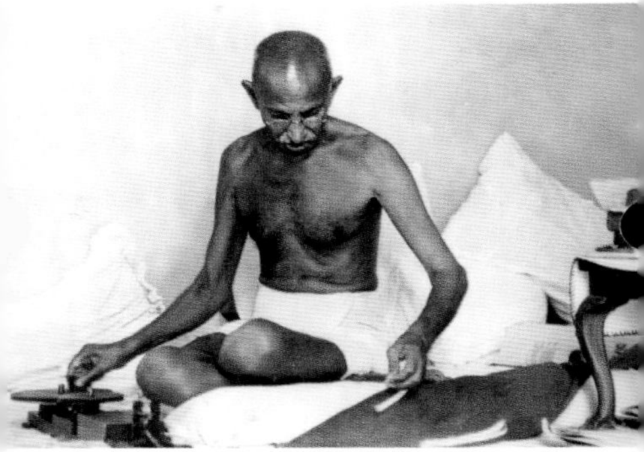

## Mahatma Gandhi

Indischer Rechtsanwalt und Pazifist, 1869–1948

Der Rechtsanwalt Mohandas Karamchand Gandhi, genannt „Mahatma" („Große Seele"), wurde nach 1915 zur zentralen Figur des indischen Widerstands gegen die britische Kolonialherrschaft. Seine Prinzipien waren Nichtzusammenarbeit und gewaltloser Widerstand. Mit Kampagnen wie dem Salzmarsch gelang es ihm, die Weltöffentlichkeit für den Freiheitskampf der Inder zu begeistern. Das Spinnrad, das er selbst häufig betätigte, symbolisierte seinen Protest gegen englische Textilimporte und stand gleichzeitig für die Selbstversorgung der einfachen Bevölkerung. 1947 entließen die Briten Indien in die Unabhängigkeit.

Welches **Ereignis** fällt Ihnen ein, wenn Sie folgenden Satz lesen?

**Sie kehrten heim und waren nicht willkommen.**

1

2

## Gründung des Staates Israel

14. Mai 1948

Mit der Proklamation der Unabhängigkeit des Staates Israel durch Ministerpräsident David Ben Gurion ging der Traum der Zionisten in Erfüllung: Als Theodor Herzl Ende des 19. Jahrhunderts von einem „Judenstaat", von einem kommunitären Landleben im „Land der Väter" träumte, wurde er noch für verrückt gehalten. Nach der Katastrophe der Shoa beschloss die UNO 1947 die Teilung Palästinas in einen jüdischen und einen arabischen Staat, was die arabischen Nachbarstaaten jedoch nicht akzeptieren wollten. Heute bestehen mit einigen Ländern Friedensabkommen, mit den palästinensischen Nachbarn befindet sich Israel jedoch nach wie vor in einem mehr oder weniger offenen Kriegszustand.

Welches **Ereignis** fällt Ihnen ein, wenn Sie folgenden Satz lesen?

**Eine Revolte im dunklen Hinterhof der Macht.**

1

2

## Kubanische Revolution

1953–1959

Im Januar 1959 zwangen Guerillatruppen den kubanischen Diktator Fulgencio Batista zur Flucht. Sie ermöglichten dadurch die Etablierung einer Revolutionsregierung in Havanna unter Fidel Castro und Ernesto „Che" Guevara im Namen der sozialen Gerechtigkeit. Mit allen Mitteln – geheimdienstlichen wie militärischen – bekämpften die USA in der Folge den sozialistischen Revolutionsherd in ihrem „Hinterhof" Lateinamerika. Vergeblich. Noch heute, 20 Jahre nach dem Ende der Sowjetunion, kann sich das Castro-Regime halten.

Welches **Ereignis** fällt Ihnen ein, wenn Sie folgenden Satz lesen?

**Der Freiheit wurde ein Riegel vorgeschoben.**

1

2

## Bau der Berliner Mauer

13. August 1961

Um die Flüchtlingswelle zu stoppen, riegelten am frühen Morgen des 13. August DDR-Soldaten auf Befehl der Staatsführung um Walter Ulbricht die Grenze zwischen dem Ostsektor und den Westsektoren ab. Drei Tage später wurde begonnen, eine Mauer quer durch Berlin zu errichten. Straßen wurden geteilt, Fenster zugemauert. Tatsächlich konsolidierte sich die DDR in der Folge. Aber ein Staat, der seine Bewohner einsperren musste und auf Flüchtlinge scharf schoss, hatte seine innere Legitimation verloren.

Welche **Person** fällt Ihnen ein, wenn Sie folgenden Satz lesen?

**Er führte Schwarz und Weiß zusammen.**

1

2

## Nelson Mandela

Südafrikanischer Widerstandskämpfer und Politiker, * 1918

Nelson Mandela ist die Symbolfigur des erfolgreichen Kampfs der schwarzen Bevölkerung gegen die rassistische Apartheidspolitik Südafrikas nach 1949. Der Rechtsanwalt und Sohn eines Xhosa-Häuptlings hielt trotz jahrzehntelangem Gefängnisaufenthalt auf Robben Island an seinem Widerstand fest. Nach 1990 prägte er die nationale Versöhnungspolitik. Er war maßgeblich an dem friedlichen Übergang zu einer gemischtrassigen Demokratie beteiligt und wurde 1994 zum ersten schwarzen Präsidenten Südafrikas gewählt.

Welches **Ereignis** fällt Ihnen ein, wenn Sie folgenden Satz lesen?

**Ein Kaiser gibt scheinbar klein bei.**

1

2

## Gang nach Canossa

Italien, 1077

Der Bußgang König Heinrichs IV. war der spektakuläre Höhepunkt des Investiturstreits. Dabei ging es um die Frage, wer im mittelalterlichen Europa die oberste Entscheidungsgewalt innehatte: weltliche oder geistliche Macht? König oder Papst? Papst Gregor VII. pochte auf die Freiheit der Kirche im Sinne der Zweischwerterlehre und verurteilte die Praxis des deutschen Königs scharf, Bischöfe zu ernennen. Schließlich belegte er Heinrich mit dem Kirchenbann. Dieser erschien daraufhin im Januar 1077 im Büßerhemd vor der Burg Canossa, dem Domizil der Gräfin von Tuszien, wo sich der Papst einquartiert hatte, und leistete Abbitte. Der Papst musst die Geste annehmen und den Bann lösen. Heinrich war wieder handlungsfähig.

Welche historische **Institution** fällt Ihnen ein, wenn Sie folgendes Sprichwort lesen?

**Wer nicht hören will, muss fühlen.**

1

2

## Inquisition

Anfang des 13. bis Ende des 18. Jahrhunderts

Um Menschen, die von der Lehre der katholischen Kirche abwichen, aufzuspüren und zu verurteilen, wurde im Mittelalter die Praxis der Inquisition eingeführt. Sie erreichte besonders in Frankreich und Spanien grausame Ausmaße. In festgelegten Gerichtsverfahren, die auch Folter erlaubten, wurde unter Anleitung von Inquisitoren – häufig Dominikanern wie Bernard Gui – sogenannten Ketzern der Prozess gemacht. Die Strafen reichten vom Tragen von „Ketzerkreuzen" bis zum Feuertod, durch den die Seelen der Sünder gerettet werden sollten.